神圣的苏格拉底之死
（根据柏拉图的著作改编）

〔法〕让-保罗·蒙欣　著
〔法〕燕妮·勒布哈丝　绘
戴敏　译

人民文学出版社
PEOPLE'S LITERATURE PUBLISHING HOUSE

让小·柏拉图结识大柏拉图

——《小柏拉图》丛书总序

　　我喜欢这套丛书的名称——《小柏拉图》。柏拉图是西方哲学的奠基者，他的名字已成为哲学家的象征。小柏拉图就是小哲学家。

　　谁是小柏拉图？我的回答是：每一个孩子。老柏拉图说：哲学开始于惊疑。当一个人对世界感到惊奇，对人生感到疑惑，哲学的沉思就在他身上开始了。这个开始的时间，基本上是在童年。那是理性觉醒的时期，好奇心最强烈，心智最敏锐，每一个孩子头脑里都有无数个为什么，都会对世界和人生发出种种哲学性质的追问。

　　可是，小柏拉图们是孤独的，他们的追问往往无人理睬，被周围的大人们视为无用的问题。其实那些大人也曾经是小柏拉图，有过相同的遭遇。一代代小柏拉图就这样昙花一现了，长大了不再想无用的哲学问题，只想有用的实际问题。

　　好在有幸运的例外，包括一切优秀的科学家、艺术家、思想家等等，而处于核心的便是历史上的大哲学家。他们身上的小柏拉图足够强大，茁壮生长，终成正果。王尔德说："我们都生活在阴沟里，但我们中有些人仰望星空。"这些大哲学家就是为人类仰望星空的人，他们的存在提升了人类生存的格调。

　　对于今天的小柏拉图们来说，大柏拉图们的存在也是幸事。让他们和这些大柏拉图交朋友，他们会发现自己并不孤独，历史上最伟大的头脑都是他们的同伴。当然，他们将来未必都成为大柏拉图，这不可能也不必要，但是若能在未来的人生中坚持仰望星空，他们就会活得有格调。

　　我相信，走进哲学殿堂的最佳途径是直接向大师学习，阅读经典原著。我还相信，孩子与大师都贴近事物的本质，他们的心是相通的。让孩子直接读原著诚然有困难，但是必能找到一种适合于孩子的方式，让小柏拉图们结识大柏拉图们。

这正是这套丛书试图做的事情。选择有代表性的大哲学家，采用图文并茂讲故事的方式，叙述每位哲学家的独特生平和思想。这些哲学家都足够伟大，在人类思想史上产生了巨大而深远的影响，同时也都相当有趣，各有其鲜明的个性。为了让读者对他们的思想有一个瞬间的印象，我选择几句名言列在下面，作为序的结尾，它们未必是丛书作者叙述的重点，但无不闪耀着智慧的光芒。

苏格拉底：未经思考的人生不值得一过。

第欧根尼：不要挡住我的阳光。

伊壁鸠鲁：幸福就是身体的无痛苦和灵魂的无烦恼。

笛卡儿：我思故我在。

莱布尼茨：世界上没有两片完全相同的树叶。

康德：最令人敬畏的是头上的星空和心中的道德律。

卢梭：出自造物主之手的东西都是好的，一到了人的手里就全变坏了。

马克思：真正的自由王国存在于物质生产领域的彼岸，这就是人的解放。

爱因斯坦：因为知识自身的价值而尊重知识是欧洲的伟大传统。

海德格尔：在千篇一律的技术化的世界文明时代中，人类是否并且如何还能拥有家园？

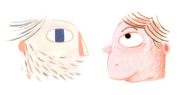

周国平

2013年8月21日

请告诉我们，先知阿波罗，谁是希腊最有智慧的人？

"在希腊，乃至全世界，都没有比苏格拉底更智慧的人了。"神谕回答，"因为苏格拉底热爱真理。"

苏格拉底呼吁人们认识自我。他穿过雅
典的街头，向路上的行人打招呼。

　　"你好啊，最伟大城邦中最优秀的雅典公民！你担忧你的名声信誉，贪图享乐和财富！然而，为了让你的灵魂更加纯洁、更加有智慧，你是否梦想着追求真理，换句话说，你是否想亲身体验哲学？"

　　当对方自以为聪明过人时，苏格拉底就打趣地提出许多问题，直至他们承认自己的无知。当他遇到蒙昧者时，苏格拉底就引导他们走上智慧之路。

　　苏格拉底说自己唯一知道的一件事，就是他一无所知。

TIPS　苏格拉底的谈话

　　苏格拉底一生的大部分时间是在室外度过的，他喜欢在各种公众场合与各种人谈论各种各样的问题，例如，什么是民主？什么是美德？什么是勇气？什么是真理？目的就是引导人们认识到：人是非常无知的。因此人们需要通过批判的研讨去寻求什么是真正的正义和善，达到改造灵魂和拯救城邦的目的。

苏格拉底精通哲学、善于思辨，又喜欢向所有人发问，甚至还要质疑学者们并揭露他们的无知。这令许多人恼羞成怒，那些贩卖自己学问的人都特别讨厌他。

　　他们把苏格拉底说成是"喋喋不休的流浪汉"，并决定审判他。在雅典人大会上，他们指责他教唆青年人不敬畏神灵。

　　苏格拉底上台为自己辩护……

TIPS 阿里斯托芬

　　古希腊伟大的喜剧作家，一生大部分时间在雅典度过，同哲学家苏格拉底、柏拉图有交往。柏拉图在《苏格拉底的申辩》中称，苏格拉底被起诉与阿里斯托芬的喜剧《云》有关。在《云》中，阿里斯托芬塑造了一个愚昧狡黠的苏格拉底——他亵渎众神，传播诡辩术。雅典城邦最终以引进新神、败坏青年人的罪名审判苏格拉底。事实上阿里斯托芬对苏格拉底的记载，只是对他的挖苦讽刺，而并非有意记载苏格拉底的真实生平。

　　"雅典人！你们说我梦想天堂里的现实，说我在偷窥地底下的事物，并向年轻人灌输无稽之谈。

　　"阿里斯托芬甚至写了一部喜剧，在剧中，人们看见一个叫苏格拉底的人在舞台上溜达，然后浮到空中开始胡言乱语！

　　"但事实上，我从来没有说过要去教育青年人！如果是喂养小马驹或小牛犊，我倒清楚向什么人请教，但要教育孩子，使他们长大成人，并成为合格的公民，就必须具备一种学识，而我对此一无所知。"

想要置苏格拉底于死地的大胖子墨勒图斯，试图把他推入困境，他用装腔作势的语气质问道：

　　"苏格拉底，如果你从不管教育的事，那你整天都在做什么呢？如果你没做什么坏事，为什么人家要指责你呢？"

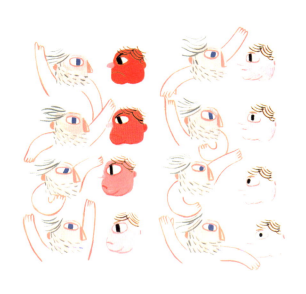

　　"墨勒图斯，你认为是我让青年人学坏了？"

　　"绝对是！要不然，人家为什么要指控你呢？"

　　"如果你起诉我教坏青年人，那你觉得我是故意的，还是无心的？"

　　"当然是故意的！"

"那么告诉我，无可挑剔的墨勒图斯，我们是生活在一个好人的城邦中好呢，还是生活在一个坏人的城邦中更好呢？"

"当然是生活在一个好人的城邦中更好。"

"那请问我是不是疯了，竟愿意和那些会与我作恶的人生活在一起？"

苏格拉底模仿原告刺耳的嗓音继续发问。他的问题激怒了墨勒图斯：

"不，当然不！但我指责你用新神学去骗人！因为你不相信神，甚至说什么太阳和月亮不是神，而是一块石头和一片土地！"

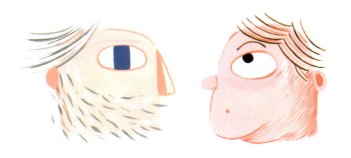

"亲爱的，那是阿那克萨哥拉说的，不是我，是他在教授这些奇怪的学说。不过请你回答我：如果我一点都不相信神的话，我又如何用新神学去骗人？"

苏格拉底把墨勒图斯气得什么话都说不出口了。这时，苏格拉底一边高喊一边向众人行礼：

"雅典人，我的朋友们，我向你们致意！你们看到别人反对我、指控我，究竟是怎么回事了吧？

　　"事实上，是神派我来唤醒这座城邦的！所以，无论何时何地，我都在警告你们、责怪你们追求的是财富而不是真理。

"我就像一只大牛虻，围着一匹千里马，为了不让它变得温驯而叮它、咬它！也许你们讨厌我，想摆脱我，然后在睡梦中度过余生……

"但这是神的谕旨，是我的使命！难道我应该停止思辨，不再和那些热爱真理、不是只看表象的人为伍？如果我因为惧怕死亡而放弃使命，那才是大逆不道！雅典人，我会继续询问类似的问题，即使我要为此而被判刑上百次！"

大会上一片哗然：一些审判官觉得苏格拉底没把他们放在眼中，另一些审判官则佩服他勇气可嘉。

"的确，我管了大家的事。但是，我尽力使自己不参与任何公共事务！你们知道吗？从我的童年开始，就有个不知是魔鬼还是天使的精灵，阻止我去做蠢事。它告诉我，如果我卷入了政治，我就活不长了！

"你们还记不记得，一次偶然的机会，我主持过一场你们的审判。那一天，你们要非法审判十个将军——因为他们没有带回阿吉努萨战役中阵亡士兵的遗体。唯有我反对你们，并再三强调法律不允许你们同时审判好几位公民。你们却差点把我连他们一起给杀了！

"不久之后，暴君们掌握了政权。为了让我妥协，他们要我逮捕萨拉米斯的莱昂。我拒绝了，并回到家中。毫无疑问，如果暴君没有被迅速推翻的话，我就会有生命危险！

"在我看来，为了捍卫正义而去参与政治，就等于找死！我的小精灵阻止我这么做！

TIPS 三十僭主

此处的暴君指三十人僭主集团。公元前404年，斯巴达人击败了雅典人，结束了长达27年的伯罗奔尼撒战争，并在那里建立了一个寡头政治的傀儡政府，被称作三十僭主。领导这个集团的是克里底亚和查米迪斯，他们曾经都是苏格拉底的学生。三十僭主集团在暴虐统治一年后被推翻，雅典又重新恢复民主制度。

"事实上，雅典人，你们看见了，我从来没有向不公正屈服过。墨勒图斯说我收买了学生，可我从来都不是任何人的老师！如果有人喜欢听我说话，那么无论老少贫富，我都不打发他，也不问他要什么。但以后他变好或变坏，我都不对他负责！

　　"请问聚集在此的、那些愿意花时间陪我的人：我曾让你们做坏事了吗？或者，有哪位父母会指责我教他们的儿女干坏事了吗？

　　"克里托，我的朋友，我难道将您的儿子克里多布鲁斯变成了一个邪恶的人吗？林萨尼阿斯，我有没有教唆诚实的埃斯基涅斯走上邪道？尼科斯特拉索斯，你的弟弟西奥多托斯死了，如果我教坏了他，你现在可以说出来！阿德马修斯，你是柏拉图的兄弟，他到处都跟随着我，如果你想反驳我，请到讲台上来吧！

　　"来呀，雅典人！在一些小官司中，被告们向你们求饶。他们痛哭流涕，并让自己的孩子来作证，希望唤起你们的怜悯。我不会做这种事：因为它与我们的城邦不相称，也与人们赋予我智慧的声誉不相符。这会让神灵不高兴。既然人们指责我不敬重神明，那好吧，就请把我交给神明去审判吧！"

　　会上五百名陪审团成员投票了:265人认为他有罪,235人认为他无罪,因此,苏格拉底最终被判有罪。根据雅典的习惯,双方必须各自提出一种惩罚方式。通常情况下,原告会提出一种严厉的惩处方法,而被告则会选择一种痛苦较轻的刑罚。最后,再由法官来做出合适的判决。毫无疑问,大胖子墨勒图斯和他的假学者团伙,都主张判苏格拉底死刑。

　　轮到苏格拉底了，他需要提出惩罚自己的方法。对此苏格拉底觉得很有趣。人们猜测他会要求被流放。

　　"审判官们！公民们！像我这样的人，应该得到什么样的刑罚呢？他唯一的罪行难道只是没有管自己的事，安心地过平静的日子吗？或者，他的罪行是因为他寻找的是正义而不是财富，并希望这个城邦也有这样的荣耀？一个需要资助才能继续其事业的贫穷智者，该得到什么样的惩罚呢？

"雅典人，我应该受到这样的刑罚：由你们出钱，将我放在这个公共会堂的美丽宫殿里——和那些奥运会的获奖者还有尊贵的客人在一起。"

大会上响起一阵巨大的嘈杂声：真无礼！实在太过分了！

于是，苏格拉底被判死刑，他要饮下毒酒。

"我的小精灵会告诉我，是否应该惧怕痛苦，"苏格拉底镇定地安慰伤心的朋友们，"但死亡本身并没什么大不了的。不如说，死亡是灵魂从一个地方到另一个地方的旅行。

"如果说死亡没什么的话，那它就像一个无梦的睡眠，像所有美丽的夜晚，比所有的白天更平静，这多么美好！

"如果死亡像人们所说的那样，是穿越地狱的旅途；如果我能在那里与老诗人荷马、赫西俄德和奥菲斯，以及最伟大的英雄阿贾克斯、尤利西斯相逢；如果我可以在那里，探寻古人的智慧而不被判刑，那么还有比这更幸福的吗？

　　"但现在，亲爱的朋友们，时间到了，我们各走各的路，我走向死亡，而你们继续活下去。谁将面对更好的命运？只有神才知道答案！"

然而，每年这个时候，雅典正处在节庆之中：这正是人们纪念忒修斯的节日。很久以前，为了摆脱邪恶的克里特王米诺斯强加给城邦的桎梏，忒修斯杀死了牛头怪。所以，按雅典人的习惯，这段日子不能执行任何刑罚，一直要等到前往得洛斯岛的船返航才行。因此，苏格拉底要在监狱里待上一个月，在那里，他写下了他的诗歌。

TIPS 忒修斯

　　忒修斯是希腊传说中的英雄。相传克里特岛上有个吃人的牛头怪。雅典每年进贡童男童女各七名供牛头怪食用。忒修斯自愿充当一名进贡的童男。他杀了牛头怪，并救了同伴。当时的雅典人对太阳神阿波罗发誓许愿，假如这群童男童女能保得性命，他们就年年派遣使者到得洛斯岛上的阿波罗神庙去朝圣。朝圣期间，雅典城不得处决囚犯。

神要结束痛苦与愉快之间的战争

但痛苦与愉快拴在一起

其中一个倒下

前仆后继

另一个也接踵而至

L´AUTRE BIENTÔT VIENT PAR DERRIÈRE

一天清晨，苏格拉底在牢房里醒来时，发现他的朋友克里托在他身边。

"这么早，你在这里做什么？"他睡眼惺忪地问。

"我很佩服你还能安然入睡，命运狠狠地打击了

你，而我还要带给你如此坏的消息！"克里托答道。

"从得洛斯岛返航的船已到港口了？节日结束了？"

"不，但他们说是快到了。"克里托小声嘀咕道。

　　"我正在做梦，"苏格拉底说，"我梦见一个身穿白衣的优雅女人，正向我述说国王阿伽门农对英雄阿喀琉斯说的话。苏格拉底，她说，三天之后，你将抵达肥沃的家园……"

　　"多么奇怪的梦，苏格拉底！"

　　"不如说，多么清晰的预兆！"

克里托抓住苏格拉底的肩膀说：

"苏格拉底，我的朋友，求求你，让我们来帮助你逃亡吧！收买看守的狱卒很容易，一只小船已经预备好了，它会带你去安全的地方，朋友们会到那儿去迎

接你的。

　　"如果你拒绝为自己这么做,那么想想你的儿子吧,就当为了他们而这么干,不要让他们沦落为孤儿!为我们去做吧,别让人说我们见死不救!"

"别人说什么对我们很重要吗？"苏格拉底打着哈欠说，"即使我死了，又有什么要紧呢？活着并不重要，重要的是要活得好，也就是说，要为正义而活。你不这样认为吗？"

　　"是的，苏格拉底，在这点上我们的想法是一致的。"

　　"那么，干不道德的事是正义的吗？比如说，用不公正的特权回击不公平？所有非正义的事是不是都很丑陋、很邪恶？"

"非正义当然总是不好的。"

"那么，告诉我，亲爱的克里托，通过贿赂看守逃走而没有得到雅典人的许可是正义的吗？看看吧！这是我的小精灵摆在我们面前的雅典法律！"

"苏格拉底，你喜欢提问，那么现在轮到我问你了。

"我是雅典的法律，是我批准了你父母的婚姻，保护了你的童年，并规定了你在城邦生活的原则。

"对你来说，我比你的父母还重要。难道你竟如此蔑视我，甚至试图从我这里逃跑？

"你的职责难道不是服从我，并留守在我给你安排的位置上吗？就像在战争中，你以我的名义去战斗那样！"

"你看，克里托，我是如此喜爱在雅典法律下生活，甚至在审判中拒绝了流亡。难道现在我要破坏这条法律，选择逃走？将自己伪装成奴隶，带孩子们一起逃走，把他们变成异乡人，或者把他们丢弃在这里？那么，今后我还敢像过去那样对人们说，美德、正义、法律统统高于一切吗？"

克里托离开了监狱，向朋友们宣布了苏格拉底的决定。第二天，从得洛斯岛出发的船到达了雅典港口，节日结束了。

行刑的日期到了。苏格拉底的朋友们相约聚集在他身边，有克里托和他的儿子克里多布鲁，有赫莫革涅、厄庇海奈、埃斯基涅斯、斐多、安提斯泰尼，也有佩阿尼的克忒斯佩、墨涅西奈、刻拜斯，还有底比斯的西米亚斯等等。只少了生病的柏拉图。生病了？有可能是感冒吧。

在监狱里，苏格拉底的妻子克桑蒂贝和他们的小儿子梭佛尼克正陪在他身边。爱发脾气的克桑蒂贝不停地哭喊：

"啊！苏格拉底！你的朋友们都在这儿，这是你与他们最后的交谈了！"

于是，苏格拉底请克里托把他的妻子送回家。克桑蒂贝一边号啕大哭着，一边撕扯着自己的头发被送了出去。

苏格拉底却一如往常：他抓挠着腿，说着风趣的双关语，谈论着他的小精灵，和朋友们讨论哲学。底比斯的西米亚斯忍不住问他，他明明即将死去，为什么一点都不难过？苏格拉底这样回答：

"亲爱的西米亚斯，我试着回答你，并且要比审判时说的那番话更具说服力！说实话，我深信在彼岸能找到更好的神灵和一些好人。反正你们放心，我到那边会碰上好人的，尽管这一点我也不能肯定。但是，那边的神灵一定是聪明善良的。我和哲学打了一辈子交道——也就是说学习面对死亡——临终了我却要像躲着我老婆一样逃避死亡，这不是很滑稽吗？"

"苏格拉底，你又要惹我笑了，即使这样会显得我没心没肺！如果人们听到你这番话。肯定会认为你该被判死刑，法官们的最终裁决是对的！"

西米亚斯说完哈哈大笑起来。

"从某种意义上说，确实如此！他们看到的死亡并不像我所看到的那样！但是，就让我们的法官在其位谋其政吧！"

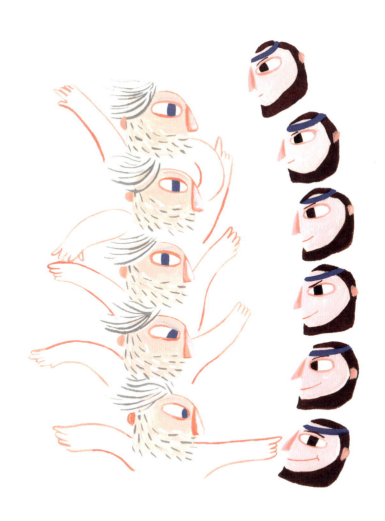

于是，西米亚斯调好了他的七弦琴，陪伴苏格拉底吟诵了一首诗：

当天鹅感到它的末日来临

它唱一首未知的歌赞美神

惧怕死亡的可怜人

他们诋毁这鸟

说那动听的悲歌

表达了它要离开这世界

但鸟儿唱得很悲伤吗

它既不是夜莺，也不是蜂鸟

天鹅的灵魂，映在冥界之神的眼睛里

在那里，它认出自己真正的家园

或许阿波罗鸟会知道

那保留给它的完美精彩

而我，和这天鹅一样欢喜

在生命之后

等待着我的圣洁

43

　　“当一个人死去时，有什么事情会发生吗？”苏格拉底问。

　　“嗯……是的。”西米亚斯放下他的七弦琴回答道。

　　“当那个时刻来临，肉体和灵魂就要分开，不是吗？”

　　“确实如此！”西米亚斯说。

　　“现在要警惕那样的说法，”苏格拉底接着说，“难道世人所说的哲学家——也就是那些热爱智慧的人，会十分关心享乐的事吗？比如他会在意吃什么，喝什么吗？”

　　“绝对不会，苏格拉底！”

　　“他们会在意恋爱的乐趣，照顾肉体，甚至是鞋子的颜色这类的事情吗？你觉得身为一个哲学家，应该关心那些并非生活必需的东西吗？”

“如果他操心这些事情，那他就不是一个真正的哲学家。”西米亚斯说。

“亲爱的西米亚斯，我们的看法是一致的：一个哲学家不应关心肉体的欢娱，而要关心灵魂的愉悦。或者更进一步说，我们不都曾被自己的见闻所欺骗吗？”

“确实，有这样的事情！”

“对灵魂而言，肉体甚至就是错误的根源。这就是为什么哲学家喜欢理智，喜欢探寻真相。比如，所谓的公正，它是某种东西，还是虚无之物？”

“当然是某种东西。”

“那你能说它既善良又美丽吗？”

“这叫我如何否认？”

“但你亲眼见过正义、美丽、善良或是伟大吗？”

“没有。我虽然看到过一些美好而又伟大的公正事，但正义、美丽和伟大本身，我都从来没有见过。”

“所以说，我们是通过灵魂而非肉体认识这一切的，尤其是当我们不再为肉体所累时，我们会更好地认识这一切！”

“苏格拉底，你说得太好了！”

"只要灵魂和肉体相连，我将永远不会拥有我热爱的智慧。因为我必须不断地照顾肉体：它会生病，会用欲望、恐惧、激情以及各种愚蠢的东西来困扰我的灵魂，更不用说争端和战争了。要想拥有真正的智慧，就必须使灵魂离开肉体，让它自己去深思现实。西米亚斯，难道你不这么认为吗？"

"我完全同意你的说法，苏格拉底！"

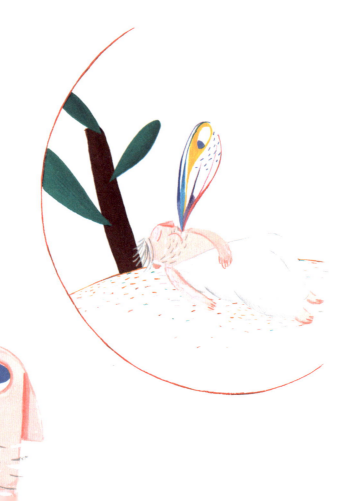

　　"所以只有当我死了，当我的灵魂和肉体分离了，我才有希望了解我热爱的智慧。就像人们都等着在地狱里找到自己的父母、配偶、朋友一样，我也充满喜悦地期待着在那儿与我热爱的智慧相逢！那么，亲爱的西米亚斯，我怎么会因为临死而伤心呢？"

　　"苏格拉底，这的确太荒谬了！"

不过，经过一番深思熟虑，又听取了他的朋友塞贝斯的建议，西米亚斯提出了反对意见：

"亲爱的苏格拉底，我觉得所有这一切都不能成立。我们可以用七弦琴来打比方：调好的琴弹出来的音乐很美，也很神圣。但如果琴坏了，或者被人弄断了琴弦，你难道能说：这是和弦跑去见神灵了？当然不是！和弦甚至要比木头做的琴体更早消失。

"因此，人的灵魂就像七弦琴的和弦：只有合适的温度和湿度维持肉体健康，人的灵魂才能保持正义而神圣。一旦疾病和死亡来临，灵魂也会跟着溃散，乃至消亡。"

　　苏格拉底习惯性地微微也斜着眼睛，盯着西米亚斯：

　　"我很难回答你，出色的西米亚斯，你已经掌握了一个著名的论据！"

TIPS　苏格拉底的教学法

　　苏格拉底自始至终都是以师生问答的形式启发学生的。苏格拉底在教学生获得某种概念时，不是把这种概念直接告诉学生，而是先向学生提出问题，让学生回答。如果学生回答错了，他也不直接纠正，而是提出另外的问题引导学生去思考，从而一步一步得出正确的结论。

刻拜斯接着补充：

"苏格拉底，说实话，我感觉你没有证明：灵魂不曾和肉体同时死亡！我认为，待在身体里的灵魂就好比一个穿着衣服的老织工。他缝织了许多衣服，其中很多在他活着的时候都穿破了。有一天，老织工要死了，可他这时穿的衣服还继续存在着。

"如此说来，灵魂可以待在许多身体里，如果灵魂死了，那么它最后所待的身体却仍可能多存在一段时间。

"总而言之，我认为面对死亡，我们都有一些无法确定的东西。因为我们不知道身体在瓦解时，灵魂是否也会一起死掉！"

苏格拉底感到这两人的话让其他朋友困惑不解。他爱抚地摸了摸斐多的头，打趣道：

　　"斐多，明天你在哀悼我的时候，会按照习俗剪掉你这漂亮的头发吗？"

　　"我想会的，苏格拉底。"斐多黯然地回答。

　　"那么我也一样，应该剪掉我的头发以示哀悼。因为西米亚斯和刻拜斯已经颠覆了我之前所有的观点！幸运的是，我已经秃顶了！"

"西米亚斯，你刚才也同意我这个观点吧——我们只拥有对**美丽**、**善良**和**正义**的记忆，而所有这些东西，一直都存在于我们的灵魂之中，是吗？"

"当然，苏格拉底。"西米亚斯老实地应道。

"那么，我们的灵魂其实在我们诞生以前就已经存在着了？"

"确实！"

"你能不能说，七弦琴的和弦，在七弦琴制作以前就存在了？"

"这是绝对不可能的！"

"那么我们必须选择：灵魂要么在肉体出生以前就存在，要么它来自于肉体的和谐，就像七弦琴的和弦！"

"苏格拉底，我想我应该放弃这样的想法——灵魂是一个简单的和弦，它与肉体一起消失。"

"让我们再想想，西米亚斯。我们会为琴调弦，对不对？如果一把琴没调好音，弹出来的音调就不够和谐，如果另一把琴调好了，它的音调就优美，对吗？"

"非常正确。"

"我们能说一个人或多或少地总有灵魂吗？一个坏人的灵魂是否就比一个好人的灵魂更少吗？"

"不，苏格拉底，我们不能这么认为。每个人拥有一个独立的灵魂！"

"出色的西米亚斯，这么看来灵魂和身体的关系，并不等同于和弦与七弦琴的关系！"

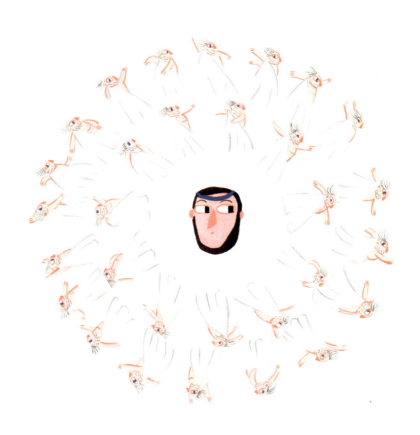

"我亲爱的刻拜斯，按照你的观点，灵魂并非是坚不可摧的、不朽的，它有可能随着肉体的毁灭而灭亡！"

"这是我说的，苏格拉底。"

苏格拉底沉思了许久。同伴们坐在他身边，沉默地注视着他。

"我们再从灵魂里的思想出发，例如关于美，你来解释一下，为什么你会判断一件东西很美丽？"

"这是因为它有闪闪发光的颜色，或是美丽的形状。"刻拜斯回答。

"那么，是形状或颜色产生了美吗？可又是什么让颜色和形状变美的呢？"

"苏格拉底，就像你经常说的那样，美本身就是存在的！"

"所以你承认：有一种绝对的**美**，一种纯粹的**美**？"

"那是肯定的，苏格拉底，否则我们看不到事物中的美！"

"绝对的**善**也同样存在，它能使我们分清善恶，不是吗？然而一个绝对的**大**，能使我们衡量事物的伟大吗？或者，一个绝对的**小**呢？以此类推，我们可以找到所有思想，对吗？"

　　"这样一来，苏格拉底，我们同意了。"刻拜斯和西米亚斯异口同声地说。

"请你再告诉我，亲爱的刻拜斯，我们刚才已经表明事物的存在可以分成有形和无形，如**美丽**、**真理**、**神圣**，所有这一切都圣洁而简单。那么，灵魂究竟是有形还是无形的呢？"

"当然属于无形的啦，苏格拉底！"

"但你觉得这些无形的东西，会接受自己的对立面吗？在有绝对的美的地方，会找得到**丑恶**吗？在**热**的地方，有可能**冷**吗？在**双数**的地方，能找到**单数**吗？"

"绝对不会，苏格拉底！"

"所以，当**寒冷**出现，**炎热**就消失；当**丑陋**来临，**美丽**就转向别处，不是吗？"

"没有比这个更好的解释了。"

"另外告诉我，谁给了肉体以生命？"

"当然是灵魂，苏格拉底。我们知道当肉体运行的时候，它是活着的！"

"那么，灵魂是生命的主体？"

"我想是这样的！"

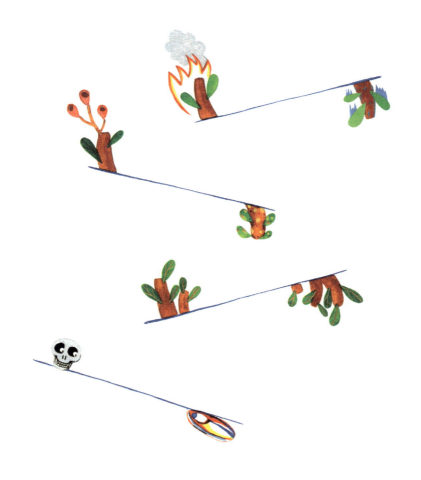

　　"但是当有生命的灵魂看见它的对立，即死亡出现时，我们能否说它死了，成了自己的对立面呢？或者说它去了其他地方，像其他无形的东西那样？"

　　"很明显，它去了别处，苏格拉底！"

　　"我亲爱的刻拜斯，所以我们已经认定灵魂是不朽的、坚不可摧的。至于与它相连的肉体死后发生了什么事，让我来告诉你，是什么样的吧！

　　"死亡后，灵魂离开肉体，曾是其监护人的小精灵牵着它的手，领它走在通往另一个世界弯弯曲曲的小径上。

　　"那些愚蠢的人无法忍受灵魂离开肉体，小精灵很艰难地把它们领到正途上。可是，当它们到达那儿时却怒不可遏，并恐吓其他灵魂。最后，它们只能孤独不安地游荡徘徊。

"相反那些智者的灵魂，因为接受过哲学的净化，它们的旅程就十分顺利。在终点，已有许多先贤的灵魂在等着它们，它们在大地上某一个美妙的地方，和大家一起坐在神的周围。

"地球如此辽阔，我们却只了解它沿海的这一小部分——从里奥尼河到赫拉克勒斯拱门，但是还有许多人生活在其他神秘陌生的地方。

"我们自以为走在阳光明媚的地球表面，实际上大家都生活在被雨水浇注的深邃洞穴里。

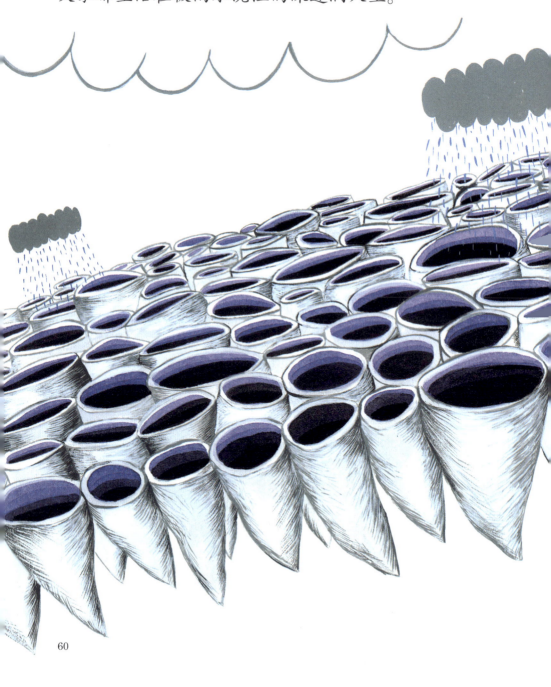

　　"想想生活在深海的居民吧：他们透过海水看到太阳和星星，将海面当作天空。同样，我们把空气看作是天空，因为我们透过它看到了星星的移动。

　　"假如一个住在海底的人，能升到地面和我们相会，他就会看到一个被沙子、泥土和盐侵蚀的岩石世界。而如果我们可以上升到洞穴的出口，踏上真实的土地，我们也会发现一种无可比拟的光芒和更加奇妙的事物。

"这片天上的土地，就像一只五彩条纹的气球。而我们这里能看到的，就好比画家用颜料描绘出苍白的反光。事实上，整个地球绚丽多彩，这部分是一种不可思议的紫色，那部分是一种比雪还要光亮的白色，还有一处被染上了一种奇妙的纯金色。

"在我们的洞穴深处，黑暗和迷雾扰乱了色彩，但是它们在天上却并不混在一起。那里的山峦都是宝石组成的，其中一些碎片掉落到我们这儿，成为异常珍贵的无价之宝。动物和人在那里百病不侵，他们活得长久而又幸福。

"那片土地上的居民，他们的听觉、视觉和思维都比我们优越，就如空气比水更纯净，太空比空气更纯净一样。他们凝望着真实的太阳、月亮和星星。真正的众神住在那儿的庙宇里。他们能和天神说话，就像我在同你们讲话一样。这就是在天上的真实世界。

　　"地球上有许多类似的洞穴。有些洞穴比我们居住的大，能让更多的光线进来，另一些洞穴则更深或更暗。所有这些洞穴都有天然凿就的洞眼，沟通着分布在地下的水道。这些洞穴通过洞眼连通，水道中涌动着热水或冷水，夹杂着泥沙含量不一的河流、奔腾着滚滚的熔岩。它们从这里注入，又在其他地方出现，变成泉水或者火山。这些河流汇集到最深的洞穴，诗人们将这个地方称为'地狱'。在那里，它们发出一片令人难以置信的喧嚣。

65

　　"大多数既不睿智也不邪恶的人，在他们死后，会被小精灵带到苦水阿克伦河边。在那里，灵魂们融入同类人中，并登上渡船，在地下行进，穿越荒芜的地区，直至进入阿刻戎河的沼泽。它们要在那里待上一段时间净化自身，才能被送返生者的生活。

　　"而那些掠夺庙宇，或是对其父母施行暴力的罪恶灵魂，都会被丢入地狱。名叫毕里菲革托翁的火焰河会运载它们，最邪恶的灵魂将永不回来。然而，其中也有些可以得到救赎的灵魂。例如，那些在盛怒的驱使下犯罪，然后终其一生都在悔恨的灵魂。它们经过漫长岁月后，会被投进阿刻戎河沼泽边的科库托斯河。如果它们在途中发现了那些曾经被自己伤害过的灵魂，就可以恳求对方的原谅，让自己从科库托斯河里出来。只要这些受害者同情它们，这些罪恶的灵魂就可以加入受害者的行列，结束苦难折磨。否则，它们将继续留在地狱的喧嚣之中，然后一次次重回河流，直到它们被那些受过伤害的灵魂接受为止。

"对于那些一生都很圣洁的人，小精灵不会驱使他们的灵魂走向河流深处。在他们死后，他们的灵魂会上升到那片真实的、天上的土地，那里是奇妙完美的。在它们当中，只有那些被智慧净化的人，才会没有绝对形体地继续活下去，生活在更好的地方。

　　"你瞧，我的朋友们，有多少智慧值得去寻求，这回报是巨大的！请原谅我，我不希望让我的妻子在我死后来清洗我的遗体，所以现在我得去洗澡了！"

　　"苏格拉底，别就这么走了！告诉我们，在你死后，你希望我们为你的孩子做些什么！或者其他你想要我们做的事情！"克里托叫喊道。

　　"我想要你们做什么？我不是一直都在告诉你们吗？寻找智慧，不要总迷恋你们的肉体或是衣着。"

　　"至少告诉我们,你希望如何下葬吧!"

　　"随你们便吧!至少你们得抓得住我!"苏格拉底轻轻笑着回答道。

苏格拉底去洗澡了，人们带来他的孩子：两个小儿子名叫梭佛尼克和墨涅克纽斯，大儿子叫兰珀克尼斯。

苏格拉底拥抱了他们，叮嘱了他们一番，就让他们回去了。这时太阳已经落山了。

一个狱卒拿来一只装满毒药的杯子：

"喝下它，苏格拉底！然后走回你的牢房，等毒性发作，当你感到双腿沉重时就躺下。"

　　苏格拉底举起了杯子，他手也不抖，脸色也不变，安详地说：

　　"我喝下它！祝愿众神健康！我该向他们祈祷，请保佑我的旅程顺利！"

然后，他一饮而尽。他的朋友们开始哭泣，与其说他们是在哀叹苏格拉底，倒不如说是在哀叹自己，这么好的一个同伴就要走了！

　　"别悲伤了，你们是多么可笑啊！我把女人打发走，难道是为了让我的朋友们奉献给我这样一幕场景吗？来呀！冷静些，坚定些！"

他在牢房里走着走着，双腿慢慢沉重了，于是他躺下，然后蒙住头。那个递给他毒药的人去按他的脚，问他有没有知觉。苏格拉底摇摇头。那人又沿着他的腿部摸至胸部，由于毒性的发作，它们已经变得僵硬冰冷。当苏格拉底的腹部开始失去知觉时，他撩起蒙在脸上的长袍下摆，轻轻地说：

　　"克里托，我们该向医神阿斯克勒庇俄斯祭献一只公鸡！去买一只，别疏忽。"

然后苏格拉底就沉默了。就这样，雅典人处决了这位不敬畏神明的智者。

TIPS 阿斯克勒庇俄斯

　　太阳神阿波罗的儿子，有起死回生的医术。苏格拉底这句临终遗言，有人认为是服毒后的呓语，但更多人认为，苏格拉底不愿疏忽当时希腊人的传统信仰，同时又表示他从此脱离一切人间疾苦。

著作权合同登记号 图字 01-2018-3318

La mort du divin Socrate
©Les petits Platons, Paris, 2010
Design: Yohanna Nguyen

图书在版编目（ＣＩＰ）数据

神圣的苏格拉底之死 /（法）让-保罗·蒙欣著；
（法）燕妮·勒布哈丝绘；戴敏译.
——北京：人民文学出版社，2018
（小柏拉图）
ISBN 978-7-02-014010-7

Ⅰ.①神… Ⅱ.①让… ②燕… ③戴… Ⅲ.①苏格拉
底（Socrates 前469-前399）－哲学思想－少儿读物 Ⅳ.
①B502.231-49

中国版本图书馆CIP数据核字（2018）第060946号

责任编辑　朱卫净 王轶华
装帧设计　李　佳

出版发行　人民文学出版社
社　　址　北京市朝内大街166号
邮政编码　100705
网　　址　http://www.rw-cn.com
印　　制　上海利丰雅高印刷有限公司
经　　销　全国新华书店等
开　　本　720毫米×1000毫米　1/16
印　　张　5
字　　数　30千字
版　　次　2019年3月北京第1版
印　　次　2019年3月第1次印刷
书　　号　978-7-02-014010-7
定　　价　32.00元

如有印装质量问题，请与本社图书销售中心调换。电话：010-65233595